Kleine Reihe · Politische Bildung · Didaktik und Methodik

Herausgegeben von Gotthard Breit, Ursula Buch, Bernward Debus und Peter Massing

Walter Gagel

Drei didaktische Konzeptionen: Giesecke, Hilligen, Schmiederer

**WOCHEN
SCHAU
VERLAG**

Bibliografische Information der Deutschen Bibliothek

Die Deutsche Bibliothek verzeichnet diese Publikation in der Deutschen Nationalbibliografie; detaillierte bibliografische Daten sind im Internet über http://dnb.ddb.de abrufbar.

© by WOCHENSCHAU Verlag
Schwalbach/Ts. 2007

www.wochenschau-verlag.de

Titelgestaltung: Ohl Design
Gesamtherstellung: Wochenschau Verlag
Titelbild: dpa
ISBN 978-3-89974209-1

Inhalt

1. Einleitung

Didaktische Konzeptionen der politischen Bildung darzu-
stellen, bereitet einige Schwierigkeiten. Denn von ihnen gab
und gibt es in der Bundesrepublik eine Vielzahl. Diese kann
ich auf knappem Raum gar nicht alle vorstellen. Vielmehr muss
ich hierzu auf ein anderes Buch verweisen, das alle Konzeptionen in ihrer geschichtlichen Abfolge darstellt (Gagel 2005).
Es hat wahrscheinlich auch wenig Sinn, nur einen Überblick
zu geben; im Anhang findet man einen kurzen Abriss (siehe
S. 36 ff.). Ich wähle also aus. Der Gesichtspunkt meiner Wahl
ist die Frage, welche Grundgedanken der politischen Bildung
mir wichtig erscheinen. Diese Gedanken entdeckt man bei drei
Didaktikern und ihren Konzeptionen: Hermann Giesecke, *Auswahl-*
Wolfgang Hilligen und Rolf Schmiederer. Sie stehen für drei *kriterium*
didaktische Aufgaben:
- Politik als Lerngegenstand
- Problemorientierung
- Schülerorientierung

Diese Aufgaben sind hier exemplarisch ausgewählt. Die
Darstellung der drei genannten Didaktiker kann als erste
Einführung in didaktisches Denken gelesen werden.

Für didaktisches Denken ist aber auch der Blick auf die
DDR vor der Wende lehrreich. Bis 1989 war dort der Staatsbürgerkundeunterricht klar geregelt. Inhalte und Ziele, das *Inhalte und*
Was und Wozu, waren durch die Akademie der pädagogischen *Ziele waren*
Wissenschaften in einem Lehrplanwerk zentral erarbeitet. Die *im Staats-*
Unterrichtsvorbereitung bestand darin, dass der Lehrende *bürgerkunde-*
überlegte, wie er die vorgegebenen Lerninhalte seinen Schülern *unterricht*
und Schülerinnen vermittelte. Das gab wenig Spielraum. Ge- *vorgegeben*
wiss hatte das didaktische Feld eine übersichtliche Ordnung,
aber war auch einseitig, denn alles was mit Didaktik zu tun
hatte, also das Nachdenken über das Was und Wozu, fiel nicht
in die Kompetenz der Lehrenden, ihre eigene Entscheidung
war nur die Methodik, das Wie des Unterrichtens.

Seit 1989 zeichneten sich aber auch die Umrisse eines im Vergleich zu der alten Staatsbürgerkunde ganz anderen Unterrichts ab. Es war die Arbeitsgruppe „Gesellschaftskundeunterricht" beim Ministerium für Bildung, die im Februar 1990 von dem „radikalen Bruch mit dem ehemaligen Staatsbürgerkundeunterricht" sprach, der von der Bevölkerung gefordert werde (Standpunkte vom 7.2.90: S. 97). Damals haben Pädagogen der DDR selber eine Umorientierung verlangt.

Wenn man nach der Intention dieses anderen Unterrichts fragt, so kann man diese am besten mit einem Zitat beschreiben, das ich in einer Fachzeitschrift der DDR gefunden habe: „die Subjektposition des Schülers voll zur Wirkung bringen". (Geschichte und Staatsbürgerkunde 1/90: S. 17). Mein Einwand richtet sich lediglich dagegen, dass der Autor dies auf den Führungsstil beschränkte. Denn ich möchte allgemeiner sagen: Die Arbeit in einem neuen Fach der politischen Bildung bezieht sich in allem auf den Schüler als Subjekt; er ist nicht Objekt der Belehrung und der Beeinflussung hin auf Ziele, die von anderen gesetzt sind, sondern er erhält als Subjekt die Gelegenheit, sich selbst und seine eigenen Möglichkeiten zu entdecken und zu entfalten.

Diese Umorientierung auf den Schüler hin gibt auch dem Lehrer, der Lehrerin eine Chance. Sie bekommen die die Möglichkeit, vor allem Pädagogen zu sein, und das heißt nach unserer reformpädagogischen Tradition: Sie sehen ihre primäre Aufgabe darin, die Jugendlichen zu fördern und zu befähigen, nicht sie auszulesen und auszubilden. Das eröffnet dem Lehrenden einen Bereich der Eigenverantwortlichkeit. Dieser Bereich bleibt, obwohl in der öffentlichen Schule nach wie vor auch von außen gesetzte Anforderungen zu berücksichtigen sind – das will ich gar nicht verdecken.

Diesen Überlegungen entnehme ich einen Leitfaden für die folgenden Ausführungen. Ich behandele die drei didaktischen Konzeptionen von Giesecke, Hilligen und Schmiederer unter zwei Fragen: Welcher Grundgedanke der jeweiligen Konzeption ist für den Unterricht in Fächern der politischen Bildung wichtig? Welche Hilfen bietet die Konzeption dem Lehrer, die Subjektposition seiner Schüler zu stärken?

2. Die didaktischen Konzeptionen

2.1 Hermann Giesecke: Politik als Lerngegenstand

Hermann Giesecke gilt als der Begründer der Konfliktdidaktik. In seiner „Didaktik der politischen Bildung", die 1965 zuerst erschienen ist, hat er den Begriff „Konflikt" zum organisierenden Prinzip eines didaktischen Modells gemacht. Um das zu erklären, greife ich am besten auf die Vorgeschichte zurück.

Begründer der Konfliktdidaktik

Gieseckes „Didaktik" ist das Ergebnis seiner dreijährigen Tätigkeit in der freien Jugendarbeit Anfang der 60er Jahre. Er leitete damals Lehrgänge und Tagungen zur politischen Bildung in dem Jugendhof Steinkimmen bei Delmenhorst in Niedersachsen. Es waren 10- bis 14-tägige Veranstaltungen für Schüler der gymnasialen Oberstufe, für Schulklassen und für geschlossene Lehrlingsgruppen – Veranstaltungen auf freiwilliger Basis, die trotz Anwesenheit von Lehrern und Ausbildern von den Jugendlichen als Freizeit verstanden wurden; es gab keine Leistungsbenotung. Verständlich ist, dass Leiter und Mitarbeiter in derartigen Veranstaltungen mit einer Didaktik der Lernschule bei den Jugendlichen nicht landen konnten. Im Vordergrund stand daher anderes: Erstens die Schaffung und Ausnutzung erzieherisch-produktiver Konfliktsituationen (Giesecke 1966: S. 75), zweitens ein Verständnis von politischem Lernen nicht als Belehrung, sondern als „Normalfall politischer Meinungsbildung", nämlich: die gemeinsame Reaktion auf eine politische Auseinandersetzung in der Öffentlichkeit, für die das Wissen erst beschafft werden muss (ebd.: S. 85), und drittens die Herstellung einer „demokratischen Beziehung" zwischen Leitung und Jugendlichen, die auch Rollenwechsel zulässt (ebd.: S. 14), was bedeutet, dass auch

Erzieherisch-produktive Konfliktsituationen

Lernen nicht als Belehren

die Leitung Kritik aushalten und sich rechtfertigen muss. Wir würden heute sagen: Es waren teilnehmerzentrierte Veranstaltungen.

Über diese Erfahrungen schrieb Gieseckeseine Dissertation, eben diese „Didaktik der politischen Bildung". In ihrem Mittelpunkt steht der Begriff „Konflikt" als Prinzip der Inhaltsauswahl und als Definition des Politischen. Sein Ausgangspunkt ist ein „Fall", nämlich die sog. Spiegel-Affäre von 1962. Sie war durch den damaligen Verteidigungsminister Franz-Josef Strauß ausgelöst worden, der Redakteure des Nachrichtenmagazins Der Spiegel unter dem Vorwurf des Landesverrats verhaften ließ. Dies rief damals eine große Erregung in der Öffentlichkeit hervor. In den Lehrgängen Gieseckes war dies nicht anders, aber wie sollte von den Jugendlichen in dem Wirrwarr von Meinungen an dem Konflikt gearbeitet werden? Gieseckes Lösung: Der aktuelle Konflikt wird er in Kategorien aufgefaltet, welche als Erkenntnisinstrumente verwendet werden können, und schließlich in einen Lernprozess, in ein Modell der Konfliktanalyse umgesetzt. – Wie kommt aber darin die Subjektposition der Schüler zur Geltung?

2.1.1 Konflikt als Definition von Politik

Zunächst vermittelt dieser Begriff eine subjektbezogene Vorstellung von Politik. Denn „Konflikt" ist für Giesecke nichts anderes als eine Definition des Politischen. *Politik ist der primäre Lerngegenstand.* Politik definiert er „als das noch nicht Entschiedene", als etwas „Offenes, Umstrittenes" (1965: S. 21). Politik ist demnach der Prozess der Auseinandersetzung um Streitfragen in der Gesellschaft bei offenem Ausgang, nicht Verfassung und Institutionen.

Das ist zunächst eine Vereinseitigung. Wissenschaftlich betrachtet, ist Politik auch der institutionelle Rahmen, in dem sich die Prozesse abspielen, und Politik bedeutet nicht zuletzt auch Ziele, Aufgaben, Probleme, über die entschieden werden muss. Aber diese Vereinseitigung geschieht bei Giesecke in didaktischer Absicht. Sie enthält einmal den Gedanken, dass das Lernen bei den Alltagserfahrungen von Politik ansetzen muss. Diese Alltagserfahrungen werden jedoch durch die

Konflikt als Prinzip der Inhaltsauswahl

Politk: das noch nicht Entschiedene

Ansetzen bei Alltagserfahrung

Art der Vermittlung von Politik durch die Massenmedien bestimmt. Politik erscheint hier für den einzelnen vor allem als Nachrichten über Ereignisse, über eine Kette von Auseinandersetzungen, also über Vorgänge, Prozesse. Und der andere Gedanke ist: Den Jugendlichen wird dadurch der Weg zur politischen Beteiligung eröffnet, dass sie von der Alltagserfahrung zur Politik kommen, dass sie Politik in ihrer Alltagswelt entdecken.

So weit zur didaktischen Begründung. Ich will nun an einem Beispiel vorstellen, wie man mit dem Lerngegenstand „Konflikt" umgehen kann. Giesecke hat in seinen Lehrgängen mit den Jugendlichen die Analyse von Konflikten geübt. Dazu verwendete er Kategorien, die in Fragen umgewandelt wurden. Ich führe dies an einem Beispiel vor, verwende dabei aber ein Modell von Unterricht, das nicht von Giesecke stammt, sondern eine Art Weiterentwicklung darstellt. Dieses Modell enthält den Dreischritt, der durch ein Schulbuch von Wolfgang Hilligen bekannt geworden ist: „Sehen – Beurteilen – Handeln". In dem vorliegenden Modell heißt dieser Dreischritt: Analyse, Urteilsbildung, Handeln.

Kategorien zur Analyse von Konflikten

Analyse Urteilsbidung Handeln

Zielkomplexe politischer Bildung nach Lingelbach

1. *Kategorien der Konfliktanalyse:*
   – Streitfrage
   – Gegner
   – Interessen
   – Machtverhältnisse
   – Ordnungsvorstellungen
   – historische Herkunft
2. *Kategorien der Urteilsbildung:*
   – Interesse
   – Wert- und Ordnungsvorstellungen, Verantwortungsethik
   – Engagement
3. *Kategorien des politischen Handelns:*
   – Solidarität
   – Kompromiss und Koalition
   – Effizienz

(nach Gagel 1981: 75; Lingelbach 1970: S. 15 ff.)

2.1.2 Ein Beispiel für Konfliktanalyse: Streit um die Rücktrittsforderung an Innenminister Diestel

Problemwahrnehmung. Austausch von Meinungen unter den Schülern. Was sie besonders aufgeregt hat. Widersprüchliche Bewertungen. „Wir versuchen einmal methodisch vorzugehen."

Kategorien der Konfliktanalyse

Streitfrage: Ob der Innenminister Peter-Michael Diestel (DSU) nach dem Misstrauensvotum vom 22.5.1990 zurücktreten muss? Steckt dahinter etwas anderes? Etwa Bewältigung der Stasivergangenheit? Ob der Minister der Fraktion gegenüber rechenschaftspflichtig ist? Oder eine innerparteiliche Auseinandersetzung? Die fehlende Eindeutigkeit.

Gegner: Der Innenminister steht gegen seine Fraktion und gegen den Landesverband Sachsen der DSU, wird aber unterstützt von Demonstranten in Leipzig. Rücktrittsforderungen kommen auch von den Liberalen und den Bürgerkomitees zur Stasiauflösung, außerdem von Bündnis 90 und der SPD.

Interessen: Das Interesse der Fraktion an Beteiligung an der Personalpolitik des Ministers, indirekt auch an den innenpolitischen Maßnahmen durch Information und Zustimmung. Das Interesse der DSU als Partei, mögliche Wählerverluste zu vermeiden. Das Interesse der Bürgerkomitees an einer gründlichen Aufarbeitung der Vergangenheit. Das Interesse des Ministers, mit dem „Apparat" arbeiten zu können, weil es keine Alternative gibt. Sein Interesse, das Ministeramt zu behalten.

Recht: Hier ist zu klären, ob und unter welchen Umständen nach dem Verfassungsrecht ein einzelner Minister zum Rücktritt gezwungen werden kann. Nach dem Grundgesetz ist das nicht möglich. Ferner wäre zu prüfen, was im Koalitionsprogramm der Regierungsparteien bezüglich des Staatssicherheitsdienstes festgelegt war.

Machtmittel: Die Fraktion der DSU hat innerhalb der großen Koalition mit ihren 25 Mandaten keine Veto-Position, kann also nicht Druck auf den Ministerpräsidenten ausüben. Da dieser dem Innenminister sein Vertrauen aussprach, ist seine Stellung stark gewesen. Möglich ist aber, dass durch den Ministerpräsidenten Unterstützung nur auf Zeit gewährt wird. Die Schwäche der DSU äußert sich darin, dass sie über ein geringes Wählerpotential verfügt (6,3 % nach den Wahlen vom 18. 3. 1990), möglicherweise auch darin, dass es noch keinen demokratisch legitimierten Parteivorsitz gibt; der Parteitag steht erst noch bevor. Die Bürgerkomitees haben nur die Macht der Öffentlichkeit, können sich also äußern, könnten allenfalls ihre Arbeit einstellen, müssten sich aber koordinieren.

Ordnungsvorstellungen: Diese können sich beziehen auf die grundsätzliche Frage nach der Bewältigung der Vergangenheit: Kann es sich der Staat erlauben, zigtausende ehemalige Stasi-Mitarbeiter in die Arbeitslosigkeit zu schicken, oder ist eine „weiche" Vergangenheitsbewältigung unter Mithilfe der Stasi-Leute zweckmäßiger? Es ist die grundsätzliche Frage: Wie gehen wir mit der Vergangenheit um?

Ich will hier abbrechen. (Eine vollständige Analyse findet man im Anhang, S. 39 f.) Politik als Lerngegenstand bedeutet, einen neuartigen Lerngegenstand zu wählen. Dieser ist nicht fest umrissen, nicht geordnet und nicht klar definierbar. Konflikte sind im Gegenteil unbestimmt, mehrdeutig und komplex. *Unbestimmtheit:* weil der Konflikt nur ein Ereignis ist, das bei jedem unter anderen Gesichtspunkten Interesse weckt und unterschiedliche Stellungnahmen provoziert. Nicht einmal das Thema steht im Vorhinein fest. Und die *Komplexität:* Am Konflikt sind eine Vielzahl von Akteuren beteiligt, dazu kommen die verfassungsrechtlichen und parteienrechtlichen Regelungen, programmatische Fragen und Konzepte der Innenpolitik.

Politik als Lerngegenstand

Der Konflikt ist eine Bündelung von Sachverhalten ohne Systematik, aber geprägt von Dynamik. Er ist das Gegenteil zu der systematischen Darstellung eines Lerngegenstandes.

Wie können Schüler das bewältigen? Und: Warum sollen sie das bewältigen? Die zweite Frage ist die Frage nach der

Konflikte : ohne Systematik, aber geprägt von Dynamik

didaktischen Begründung für die Wahl von Konflikten als Lerngegenstand.

2.1.3 Didaktische Begründung

Konflikte werden gewählt, weil die Schüler dadurch eine realitätsnahe Vorstellung von politischer Wirklichkeit erhalten, die man durch drei Stichworte beschreiben kann:

1. Stichwort: Konfliktfähigkeit. Es wird die Einsicht vermittelt, dass die Auseinandersetzung, der Widerstreit der Interessen in einer offenen Gesellschaft die Normalform des politischen Lebens ist, nicht der Betriebsunfall. Dadurch werden psychologische Hemmnisse abgebaut, die im Menschen angelegt sind: sein Harmoniebedürfnis. Denn dies kann bewirken, Politik abfällig nur als „schmutziges Geschäft" zu bewerten und der Politik auszuweichen. Die Schüler lernen, Pluralität auszuhalten: Dies ist Konfliktfähigkeit.

Auseinandersetzung ist die Normalform des politischen Lebens

Konfliktfähigkeit

Aus der Zeit der Wende gab es ähnliche Beispiele. In einer Fernsehdiskussion äußerte eine Teilnehmerin: „In der Erziehung wurde keine Konfliktfähigkeit ermöglicht, z.B. so ein idiotischer Begriff wie ‚Einheit der Erzieherfront'. Dass es als Katastrophe angesehen wurde, wenn ein Schüler merkte, dass Lehrer unterschiedlicher Meinung waren, oder ‚Pioniere sind stets fröhlich'. Es war wie in einem Treibhaus, daraus entlassen, sind wir nicht gewohnt, Konflikte auszuhalten." (ARD am 11.3.1990)

Abbau von ideologischem Denken

2. Stichwort: Abbau von ideologischem Denken. Geschlossene Weltbilder werden aufgebrochen. Bei den Oberstufenschülern stellte Giesecke Anfang der 60er Jahre in der Bundesrepublik fest: Sie verwenden abstrakte Wertungen, gebrauchen starre Denkmodelle wie Diktatur und Demokratie und halten „fast leidenschaftlich" an der Geschlossenheit ihres Weltbildes fest (1966: S. 46 f.). Das Aufbrechen geschlossener Weltbilder ermöglicht Denken in Differenzierungen, in Alternativen, und es wird insgesamt realitätsnaher. Nicht die Partei hat Recht, sondern die Parteien vertreten Teilwahrheiten, die in Konkurrenz miteinander zu Entscheidungen führen.

Auch hierfür ein Beispiel. In derselben Fernsehdiskussion

sagte ein Teilnehmer damals: „Wenn jemand den Sozialismus kritisiert, dann setze ich zur Verteidigung an, sage es aber nicht, und merke aber, es ist drin (…). Dabei merke ich, dass ich nicht fertig werden kann mit dem, was man mir einmal eingebläut hat."

3. Stichwort: Entzauberung des Staates. Stellt man Politik dar, indem man die Institutionen, die Staatsorgane beschreibt, dann erhalten die Schüler das Bild von Autoritäten, die Macht haben und dadurch mit Glanz ausgestattet sind. Das bewirkt Einschüchterung, Ohnmachtsgefühle, allgemein: es führt zu Gewöhnung an Autorität. Anders wenn wir Politik als Konflikt darstellen. Denn hier können staatliche Autoritäten Niederlagen erleiden oder müssen in Kompromissen zurückstecken. Staatliche Institutionen erscheinen hier als Akteure unter vielen, ohne besonderen Glanz, und die Ergebnisse ihres Handelns erkennt man als ungewiss, offen und kritisierbar. Das gibt einen ganz anderen *Staatsbegriff.* Der Staat ist hier nicht der „Kraftstrom", der sich „von den zentralen Staatsorganen über die örtlichen, über die Betriebe auf das ganze gesellschaftliche Leben ergießt", wie ein Staatstheoretiker der DDR geschrieben hat (Heuer 1989: S. 360). Sondern der Staat wird verstanden „als ein notwendiges ‚Regelungssystem' in einer pluralistischen Gesellschaft", – so ein westdeutscher Politikwissenschaftler (Hartwich 1987: S. 19). Danach ist der Staat nicht der Gesellschaft übergeordnet, sondern ihr gleich geordnet.

Entzauberung des Staates

2.1.4 Hilfen zur Bewältigung

Wie können Schüler das bewältigen? lautete die andere Frage. An dem Beispiel sieht man, dass sich während des Unterrichts die Notwendigkeit ergibt, Informationen zu beschaffen. Hilfsmittel müssten bereitliegen, also z.B. Bücher zum Nachschlagen (Verfassungsrecht, Geschäftsordnung des Parlaments, der Regierung). Welcher Schüler würde dies auf Vorrat lernen? Jedoch in dem Moment, wo etwas zum Problem wird, ist bei den Schülern das Interesse an Details geweckt, weil sie zur Klärung des Problems beitragen, das hat sicherlich schon jeder Lehrer erlebt. Aber es widerspricht der Regel: „Erst wissen, dann urteilen". Indem Giesecke den Konflikt und nicht die Rechte von Fraktion und Regierung als den primären Lerngegenstand herausstellt, dreht er aus didaktischen Gründen die Reihenfolge „Wissen – Urteilen" um: Erst die Provokation durch das Unerträgliche, die kognitive Dissonanz, welche der politische Konflikt erzeugt, also der Anlass zu reagieren, und dann erst der Versuch, sich durch Informationen fähig zu machen, ihn zu durchschauen und eine eigene Meinung zu gewinnen.

Motivation durch den Konflikt

Dabei hilft Gieseckes Unterscheidung zwischen *Orientierungswissen* und *Aktionswissen*. Orientierungswissen sind die Kenntnisse über Rechte und Pflichten, über die Institutionen oder Organe des Staates, über die Parteien, Verfassung usw. Aktionswissen hingegen ist das auf Handlungszwecke hin organisierte und dadurch aktivierte Orientierungswissen. Es sind die Informationen, die zusammengetragen werden müssen, um die Fragen zu beantworten. Dieses Orientierungswissen können die Schüler während der Konfliktanalyse erwerben; es muss nicht auf Vorrat bereitliegen. Handlungszweck ist hier die Problemlösung, die Klärung des Konflikts. Das schließt übrigens nicht aus, dass Orientierungswissen auch gesondert in einem Lehrgang erarbeitet wird.

Orientierungswissen können die Schüler während der Konfliktanalyse erwerben

Für die Bewältigung der Komplexität sind ferner die *Kategorien der Konfliktanalyse* unentbehrlich. Wir haben einige von denen verwendet, die Giesecke zusammengestellt hat, wenngleich in der Anordnung eines anderen Autors. Die Kategorien sind Erschließungsfragen, genauer: sie werden in Fragen umgewandelt. Sie bilden demnach keine Theorie, sondern sie sind Erkenntnisinstrumente; durch sie wird die Wirklichkeit nicht gedeutet, sondern analysiert. Die Kategorien „mobilisieren" das Orientierungswissen, wie Giesecke sagt, es wird für den Erkenntniszweck aktiviert. Durch sie kann der Lehrer den Schülern helfen, mit der Komplexität von Politik fertig zu werden. Er lehrt nicht die Lösungen, sondern er lehrt die Instrumente, durch welche Schüler nach Lösungen suchen können. Und wenn wir die Unbestimmtheit und Komplexität des Politischen festgestellt

Kategorien sind Erkenntnisinstrumente

haben: Die Methode der Konfliktanalyse soll Lernende dazu befähigen, die Mehrdeutigkeit und Widersprüchlichkeit des Politischen auszuhalten, indem sie diese gedanklich ordnen und dadurch produktiv zu Erkenntnissen verarbeiten. Die Lernenden brauchen sich nicht resignierend abzuwenden, sondern sie können sich an der Politik beteiligen, und wenn auch zunächst nur gedanklich.

2.1.5 Korrektur des Sozialisationsprozesses

Schließlich ist mir noch ein weiterer Gedanke bei Giesecke wichtig. Er versteht politische Bildung als „Korrektur des Sozialisationsprozesses" (Giesecke 1972: S. 207) und nicht als dessen Steuerung. Das ist für Pädagogen, die manchmal in der Gefahr stehen, einer Hypertrophie des Erziehungswillens zu verfallen, nicht immer leicht zu beachten. Aber Giesecke registriert nüchtern, dass schulische Erziehung nur ein Teil des Sozialisationsprozesses ist, und wir können ergänzen, dass selbst in einem System wie der DDR mit der zentralen Koordination aller Erziehungsanstrengungen immer noch Sozialisationsfaktoren übrig blieben, die nicht steuerbar waren und „Nischen" zuließen.

Daher sagt Giesecke: „Die Chance pädagogischer Maßnahmen besteht also niemals darin, das optimale Endprodukt eines Sozialisationsprozesses perfekt zu entwerfen und selbst realisieren zu können; sie besteht vielmehr in der Chance des Umstrukturierens, des Korrigierens." (Giesecke 1972: S. 207)

Chance pädagogischer Maßnahmen

Oberste Lernziele wie das der Mündigkeit, das in Vorschlägen zur politischen Bildung häufig zu lesen ist, sind demnach allenfalls Richtwerte für konkrete pädagogische Maßnahmen. Sie besagen, nichts zu tun, was dem zuwiderlaufen könnte, aber sie zeigen nur eine Richtung an. Bezüglich ihres Geltungsgrades sind sie „regulative Ideen", sind Vorstellungen einer „wünschbaren Zukunft" des Jugendlichen, die in einem nicht bestimmbaren Zeitraum erst noch realisiert werden müssen. Und der Prozess der Realisierung ist abhängig von den Bedingungen, vom Ausgangspunkt, in welchem der Jugendliche sich befindet. Das meint nicht das Vorwissen, sondern

Lernziele als Annäherungswerte

die Fähigkeit, seine Lebenspraxis zu bewältigen. Ich zitiere nochmals Giesecke: „Für einen Lehrling kann der Sprung vom ‚Bravo' zum ‚Stern' im Kontinuum seines Lebensprozesses sehr wichtig sein, weil dieser Sprung biographisch neue Möglichkeiten kritischen Lernens erschließt" (Giesecke 1970: S. 39 f.) – also der Wechsel von der reißerisch aufgemachten Jugendzeitschrift zu dem damals kritischen Magazin. Was Giesecke meint: Ziele gelten nicht absolut, sondern haben immer eine Funktion relativ zu der Biographie des Lernenden.

Bedeutung von Sozialisationsbedingungen

Die Analogie war nach der Wende, dass man die Lernziele des politischen Unterrichts bei autoritär erzogenen Jugendlichen und im autoritären System sozialisierten Lehrern sehr relativistisch, also auf ihre biographischen Prägungen bezogen, definieren musste, wenn man Giesecke folgte. Dass man sich also über die Sozialisationsbedingungen verständigen muss, die Jugendliche, Lehrer und Schule prägen.

Die Beschäftigung mit politischen Konflikten bietet hierbei eine Chance. Ich sagte ja: Den scheinbar unmündigen Heranwachsenden wird zugemutet, sich mit dem Unfertigen, dem Ungewissen zu beschäftigen. Das lässt sich natürlich auch ganz anders sehen. Indem Jugendliche sich mit dem Unfertigen, dem Streit um politische Lösungen, mit dem Widerstreit der Interessen, also mit Fragen, die man nicht autoritär beantworten kann, beschäftigen, machen sie kleine Schritte zu ihrer inneren Selbständigkeit. Und es erzeugt Distanz: gegenüber dem Lehrer, der bezüglich der Lösung des Konflikts nicht Autorität sein kann, gegenüber den politischen Akteuren, den staatlichen „Organen", die kritisierbar und dadurch relativiert werden. Das schafft die Distanz, die den Jugendlichen Schutz gegenüber Überwältigung jeder Art bietet und den Raum öffnet, in welchem sich Selbstbewusstsein und Selbstbestimmung entwickeln können.

Gewinnung von Selbständigkeit

2.1.6 Zusammenfassung

Damit ist die Frage nach der *Subjektivität der Schüler* beantwortet: Sie wird gestärkt durch die Art und Weise, wie mit Politik umgegangen wird. Dies in Stichworten:
– Verhältnis des Jugendlichen zum Lehrer: Der Lehrer

verliert in politischen Streitfragen seinen Kompetenzvorsprung. Man sagt: In einem solchen Unterricht ist die Kommunikation zwischen Lehrern und Schülern nicht mehr „komplementär", also auf Ungleichheit beruhend, sondern „symmetrisch", auf Gleichheit beruhend.

- Verhältnis der Jugendlichen zur staatlichen Macht: Sie verliert ihre einschüchternde Wirkung, durch den Widerstreit der Interessen wird sie relativiert. Dies ermutigt dazu, die eigenen Interessen zur Geltung zu bringen.
- Verhältnis der Jugendlichen zur Wahrheit: Sie erleben, dass Wahrheit in der Politik immer nur relativ ist, bezogen auf Standpunkte, bezogen auf den eigenen Standpunkt. Die Wahrheit kann nicht gelehrt werden; jeder muss sie für sich selbst erarbeiten. Das kann verunsichern, stärkt aber auf die Dauer das Selbstbewusstsein, verleiht Ich-Stärke.

Der Schüler muss sich nicht einer Autorität unterordnen, die ihn durch Macht oder durch Wissen einschüchtert. Für den Lehrer ist das manchmal ein Rollenwandel. Aber er braucht den Schülern gegenüber auch nicht mehr als „Propagandist der Partei" (Klier 1990: S. 167) aufzutreten.

Zusammenfassend lässt sich sagen: Giesecke liefert keine sozialwissenschaftliche Konflikttheorie, sondern eine *pädagogische Theorie der Politik*, genauer: eine Theorie des Verhältnisses von Jugendlichen zur politischen Wirklichkeit.

Pädagogische Theorie der Politik

Ich habe gezeigt, was es didaktisch bedeutet, wenn ich eine bestimmte Art von Lerngegenstand für den Unterricht in Gesellschaftskunde wähle. Und ich habe gezeigt, warum es wichtig ist, den Konflikt und damit Politik als Lerngegenstand zu wählen. Was wir aber nicht überlegt haben: Warum gerade dieser Konflikt, den ich als Beispiel gewählt habe? Denn es gibt ja viele Konflikte. Bei der Frage nach der Auswahl hilft Hilligen weiter.

Die Frage nach der Auswahl

2.2 Wolfgang Hilligen: Problemorientierung

2.2.1 Ein Unterrichtsbeispiel

Unsere Beschäftigung mit der didaktischen Konzeption von Wolfgang Hilligen (1916-2003) steht unter dem Thema „Problemorientierung" des politischen Unterrichts. Was damit gemeint ist, sei an einem Unterrichtsbeispiel verdeutlicht. Ich habe dazu einen Abschnitt aus dem Schulbuch „Sehen – Beurteilen – Handeln" gewählt, dem Buch, das Wolfgang Hilligen im Jahre 1957 verfasst hat. Seitdem ist es mehrfach neu bearbeitet worden, zuletzt zusammen mit anderen Autoren (Gagel u.a. 1984). Der ausgewählte Abschnitt „Probleme mit Müll und Gift" (s. Anhang S. 41 ff.) stammt aus einem von Hilligen geschriebenen Kapitel mit der Überschrift „Gefährdet: Die Lebensbedingungen im ‚Raumschiff' Erde".

Probleme als Lerngegen-stand

Wir haben es jetzt mit einer anderen Art von Lerngegenstand zu tun: mit einem *Problem*. Müll oder Abfall ist ja kein Ereignis wie der Konflikt, sondern ein Sachverhalt. Weil er Gefährdungen bewirkt, ist er problematisch, wird er zu einem Problem, das man bewältigen muss.

Die Schüler wissen bereits, so nehmen wir an, wie man dabei vorgehen kann. Sie haben den „Methodenkasten" aus dem Schulbuch vor Augen (Gagel u.a. 1984: S. 99, vgl. Kasten unten), der ihnen eine Art Leitfaden gibt. Dadurch wird der Arbeitsprozess transparent.

Probleme bearbeiten

Man kann ein Problem untersuchen, um eine Lösung zu finden. Dazu werden folgende Arbeitsschritte vorgeschlagen:
1. Worin besteht das Problem?
2. Wie ist das Problem entstanden?
3. Wessen Interessen werden durch das Problem berührt?
4. Welche Lösungen des Problems sind denkbar/möglich?
5. Welche Bedeutung haben die Lösungen für …?

(Methodenkasten nach Gagel u.a. 1984)

---

1. Worin besteht das Problem?

Die Zahlen in den Grafiken verdeutlichen das Anwachsen und die Menge des Hausmülls in der Bundesrepublik. Die Schwierigkeit bei der Verwendung dieser Grafiken liegt darin, die Bedeutung der Zahlen bewusst zu machen, das Problembewusstsein der Schüler zu wecken. Leichter ist es, wenn beispielsweise Schüler im Bereich einer Müllverbrennungsanlage wohnen oder von einer Maßnahme der Regierung oder der Gemeindeverwaltung gehört haben, die umstritten ist, oder in der Zeitung von einem „Müll-Notstand" im Kreis gelesen haben. Eine andere Möglichkeit ist die Abfallanalyse im eigenen Haushalt: Aufteilen des Hausmülls einer Leerung in organische Stoffe, Papier/Pappe, Kunststoff, Glas, Metall; Wiegen, Zusammenrechnen in der Klasse, Ermitteln des Durchschnitts; Hochrechnen auf die Zahl der Haushalte im Land oder im ganzen Bund.

2. Wie ist das Problem entstanden?

Abschnitt 8: Befragung, das Verhalten der Verbraucher, Produktionsweise und Verpackungsmethoden der Hersteller. Vermutungen als Hypothesen. Überprüfen durch Erkundung in einem Supermarkt: Wie viele Waren werden außer in dem Behältnis noch in zusätzlicher Verpackung angeboten (Umverpackung)? Welche Waren werden verpackt, ohne dass es notwendig wäre (Überverpackung)? Warum?

3. Wessen Interessen werden durch das Problem berührt?

Noch Abschnitt 8. Man wird aufzählen: Warenindustrie am schnellen Veraltern interessiert, Verpackungsindustrie, Großhandelsketten an Präsentation der Waren in Selbstbedienungsläden, an „sprechender" Aufmachung. Getränkeindustrie. Verbraucher: Bequemlichkeit, Reiz des Neuen, Arbeitsentlastung bei Doppelberuf. Dagegen: Interesse an unbeschädigter Umwelt, reiner Luft, kein Gift, keine Gefährdung.

4. Welche Lösungen des Problems sind denkbar/möglich?

Abschnitt 9: Es werden vier Wege der Entsorgung von Abfall diskutiert:

– Vermeiden
– Verringern
– Verwerten
– Beseitigen

Diese Wege sind aber nur Möglichkeiten! Die Auseinandersetzung z.B. um die Verpackungsrücknahmeverordnung von Umweltminister Töpfer im Mai 1990 zeigt, dass Programme der Abfallbeseitigung Konflikte erzeugen; aktuelle Beispiele gibt es immer wieder (z.B. Flaschenpfand). Es entstehen Zielkonflikte zwischen dem Gruppeninteresse und dem Allgemeininteresse.

5. Welche Bedeutung haben die Lösungen für ...?

Prüfen im Hinblick auf die Interessengruppen. Dies ist ein Bewerten. Was ist wichtiger, also die die „Entscheidungsfrage": mehr Wohlstand oder mehr Wohlergehen? Das darin enthaltene Dilemma verweist zurück in die Lebenswelt der Schüler. An einer Frage der persönlichen Entscheidung kann das Verhältnis von privatem Verhalten und notwendigen politischen Regelungen untersucht werden. Also Politik (Umweltgesetze) oder Aufklärung (Verbraucherverhalten)?

So weit das Beispiel. Ist es ein wichtiges Thema? Enthält es ein drängendes Problem? An dieser Stelle ist die Frage ergiebiger, warum Hilligen schon 1972 ein Unterrichtsbeispiel „Müll" veröffentlicht hat, als in der damaligen Bundesrepublik keiner über dieses Problem sprach. Die Antwort: Hilligen wählte einen eigenen Weg, eine neue Methode, um die Bedeutung eines Themas zu entdecken. Dieser Weg soll im Folgenden beschrieben werden.

2.2.2 Inhaltsauswahl

Fundamentale und existentielle Probleme

Für Hilligen sind zwar Probleme bevorzugter Lerngegenstand, aber er macht Unterschiede. Besonders wichtig sind ihm die „fundamentalen Probleme", die er auch „existentielle Probleme"

(Hilligen 1985: S. 118) oder „Herausforderungen" nennt. Er zählt fünf auf, nämlich die weltweite Interdependenz, die technisch-industrielle Massenproduktion, die Möglichkeit der Selbstvernichtung durch Massenvernichtungsmittel, die Umweltzerstörung und schließlich das Angewiesensein auf mediale, statt primäre Erfahrung (s. Kasten S. 23). Die Fülle der Probleme in dieser Welt wird hier auf diejenigen reduziert, von denen Überleben und gutes Leben der Menschheit abhängen.

Diese fundamentalen Probleme sind *Kriterien der Inhaltsauswahl*, sie sind keine Themen. In unserem Beispiel haben wir das Thema „Müll" und nicht das Thema „Umweltzerstörung" behandelt. Letzteres ist das existentielle Problem; weil es dieses gibt, hat Hilligen das Thema „Müll" gewählt. Die Begründung für die Themenwahl lautet daher: Das Thema „Müll" ist allgemein bedeutsam, weil in ihm ein existentielles Problem enthalten ist. Hilligen ging also so vor:

Ist im Thema ein existentielles Problem enthalten?

Er fragte: In welchen konkreten Sachverhalten oder Ereignissen der politischen oder gesellschaftlichen Wirklichkeit bilden sich diese existentiellen Probleme ab? Dieses Konkrete oder Besondere, also hier der Abfall, ist wegen dieses „Abbildens" der existentiellen Probleme von allgemeiner Bedeutsamkeit und daher lernenswert. Die existentiellen Probleme sind ein qualitatives Kriterium für die Beurteilung von politischer Wirklichkeit, sie „erschließen" den Zugang zum Verständnis der Wirklichkeit. Durch sie kann jeder die Gefahren seiner eigenen Umwelt erkennen, auch wenn sie noch nicht ins Auge springen. Daher werden sie auch „Schlüsselprobleme" genannt.

Schlüsselprobleme

Die ersten Rahmenpläne aus der Zeit der Wende 1990 sprachen von möglichen Inhalten und nannten: „Existenzfragen der Menschheit und verantwortungsbewusstes Handeln. Globale Menschheitsfragen und ihre Ursachen, neues Herangehen an die Bewältigung der vor der Menschheit stehenden Fragen (Gestaltung der modernen Gesellschaft, Bewältigung nationaler Probleme ...). Errichtung einer stabilen Weltfriedensordnung" (S. 27). Daraus müssen aber erst Themen für den Unterricht gemacht werden. Denn sie sind „Schlüsselprobleme" und keine Unterrichtsthemen.

Bei den fundamentalen Problemen ist der *subjektive Bezug* wichtig. Hilligen maß die Bedeutung von Problemen an der Existenz von Menschen, nicht an der Existenz von Staaten oder Systemen, geschweige denn von Ideen oder Utopien. Er verwendete den Begriff „Betroffenheit", um den subjektiven Bezug sichtbar zu machen (Hilligen 1985⁴: 5. 34). Subjektive Betroffenheit bedeutet, dass Menschen ein Problem als Belastung selbst spüren. Objektive Betroffenheit besagt, dass Menschen die existenzbeeinflussende Wirkung von Problemen häufig nicht unmittelbar wahrnehmen und daher der Zugang zu ihnen erst erschlossen werden muss. So war das im Jahre 1972: Damals war Hilligen mit dem Thema „Müll" seiner Zeit weit voraus. Die Betroffenheit war objektiv zwar da, aber subjektiv nicht bewusst; daher mussten damals die Schüler erst lernen, dass dieses Problem sie etwas angehen könnte.

2.2.3 Zur Inhaltsstruktur

Unter Inhaltsstruktur verstehe ich die Beschaffenheit des Lerngegenstandes, also oben Konflikt, jetzt Problem. Merkmale der Inhaltsstruktur „Problem" sind Dringlichkeit und Ungewissheit. Indem Hilligen die genannten Gefährdungsphänomene, also die fundamentalen Probleme, als „Herausforderungen" bezeichnete, wollte er Folgendes sagen: In Krisensituationen, in Gefahrensituationen sind Menschen fähig, „Antworten" zu finden (vgl. Kasten, Spalte „Antworten"). Die Herausforderungen enthalten also die Aufforderung zum politischen Handeln, wie jedes politische Problem. Dieses Merkmal nenne ich die *Dringlichkeit.*

Jedoch sind diese Probleme ambivalent, doppeldeutig: Sie enthalten Gefahren und Chancen zugleich. Es ist die Gefahr, im Müllberg zu ersticken oder vergiftet zu werden, die Lebensgrundlage zu zerstören, aber auch die Chance, ein neues Verhältnis zur Natur zu gewinnen, wenn man die Gefahren erkannt hat. Wege zur Bewältigung der Gefahr haben wir ja angedeutet. „Berücksichtigung der ökonomischen Möglichkeiten" als Antwort (s. Kasten S.23): Ungewiss ist, ob und wie sie realisiert werden können, ob sie im politischen Prozess durchgesetzt werden können, ob die Verbraucher

Übersicht über Konsequenzen der Herausforderungen

Chancen und Gefahren	Antworten
Interdependenz	
Notwendigkeit (und Möglichkeit) umfassender Regelungen	Rechtfertigung und Einhaltung von Regelungen
– Gefährdung von Selbstbestimmung und Eigenständigkeit	– Widerstand gegen „totale Ordnung" und gegen Regelungen, die nur Gruppeninteressen dienen
Massenproduktion	
Höheres Niveau der Bedürfnisbefriedigung (Industrienationen!), leichte, kürzere Arbeit	Erhaltung der Fähigkeit für zweckrationale Arbeit und für Innovation
– außengelenkte Bedürfnisse, Arbeitslosigkeit, alte und neue soziale Ungleichheiten	– gerechte Beteiligung aller an Gütern und Entscheidungen
Massenvernichtungsmittel	
Zwang zu globalen Friedensregelungen	Widerstand gegen freiheitsgefährdende Lösungen
– Möglichkeit der Selbstvernichtung der Menschheit	– Kompromiss, Verständnis (Empathie) für den Gegner
Umweltzerstörung	
Neues Verhältnis zur Natur	Berücksichtigung der ökonomischen Möglichkeiten
– Gefährdung der Lebensgrundlagen, Aufbrauch der Ressourcen	– lokales und globales ökologisches Denken und Handeln
Mediale Erfahrung	
Allgegenwart der Information	Urteilskraft für die Auswahl des Wissensnotwendigen/Schönen
– Informationsmonopole	– Kontrolle und Erhaltung der Vielfalt

Hilligen 1985: 33

umdenken werden. Ein zweites Merkmal der Inhaltstruktur von „Problem" ist neben Dringlichkeit daher auch die *Ungewissheit*. Politische Probleme als Herausforderungen lassen verschiedene Antworten zu. Ambivalenz und Ungewissheit erzeugen die Kontroverse, den Streit, den Konflikt; somit wird der politische Prozess zum konfliktreichen Suchprozess. Auch der Unterricht wird zum Suchprozess, dessen Ergebnis nicht im Voraus feststeht.

Ungewissheit

2.2.4 Der existentielle Bezug

So weit zu Inhaltsauswahl und Inhaltsstruktur. Die fundamentalen Probleme haben demnach einen *existentiellen Bezug*. Der Kern der Didaktik Hilligens ist, wie er diesen existentiellen Bezug verständlich macht. Dies will ich in einem Gedankengang komprimiert darlegen: Gesucht werden nach Hilligen Lerninhalte, die wegen ihrer *allgemeinen Bedeutung für das Leben* fundamental sind. Leben des Menschen bedeutete für Hilligen sowohl *Überleben*, also Sicherung der physischen Existenz, als auch *gutes Leben*, das heißt wertbestimmte Lebensgestaltung, Lebensqualität, menschenwürdiges Leben. Die empirisch erfassbare Realität dieser Welt enthält für die Existenz von Einzelnen, Gruppen und der ganzen Menschheit Probleme, die Hilligen als *Herausforderungen* bezeichnete. Sie sind demnach Aufforderungen zum Handeln. Dringend wird dieses Handeln dadurch, dass diese Herausforderungen ambivalent sind, nämlich *Gefahren* bedeuten, aber auch *Chancen* bieten. Chancen und Gefahren enthalten sie in erster Linie im Hinblick auf die Befriedigung der *Bedürfnisse* von Menschen, und zwar im Hinblick auf die basalen Bedürfnisse des Überlebens ebenso wie auf die Bedürfnisse von Sinngebung, also im Hinblick auf „gutes Leben". *Antworten*, also Problemlösungen, werden gesucht, um die Herausforderungen zu bewältigen.

2.2.5 Kognitive Lerntheorie

Die Verwendung derartiger Begriffe wie die eben durch die Schrägschrift hervorgehobenen verweist darauf, dass Hilligen seiner Konzeption die *kognitive Lerntheorie* zugrunde gelegt hat. Nach dieser Theorie wird Denken durch die „kognitive Struktur" ermöglicht (hierzu ausführlicher Gagel 2000: S. 224-242). Kognitive Struktur ist ein Gefüge von Begriffen und Operationen, das im Bewusstsein des Individuums verankert ist, auch verändert werden kann und Erkenntnis- und Verständnisakte ermöglicht. Lernen bedeutet dann eigentlich Verbesserung der kognitiven Struktur durch Umstrukturierung. In diesem Sinne ist für Hilligen Inhalt des Lernprozesses die Anwendung oder das Erlernen der „Schlüsselbegriffe"

Existentieller Bezug

Aufforderung zum Handeln

und „Schlüsselfragen", die immer wiederkehrend verwendet werden können: beispielsweise Autonomie – Anpassung, Selbstbestimmung – Systemzwang, wer – von wem – für wen – wofür – wie viel? – Letzteres die Aufschlüsselung der Verteilungsproblematik.

Bei dem Unterrichtsbeispiel „Müll" kann man fragen: Welche Denkweisen, also Begriffe und ihre Anwendung, lernen die Schüler? Es sind dies u.a.: kurzfristige – langfristige Wirkungen; Gruppeninteresse – allgemeines Interesse; das Verhältnis von individuellem Verhalten und öffentlichen Regelungen, oder allgemeiner: wie viel Spielraum – wie viel Norm, Regelung?

Denkweisen und Begriffe

Begriffe sind Erkenntnisinstrumente, sie sind nicht selbst schon Erkenntnisse; sie haben also eine „heuristische" Funktion. Das Theorem „kognitive Struktur" ist daher nicht zu verwechseln mit dem Begriff „Stereotyp", den eine in der DDR erschienene Methodik verwendet hat (Autorenkollektiv 1975: S. 142 f.), weil es sich gerade um das Gegenteil von Stereotypien handelt: „Kognitive Struktur" ermöglicht, aber determiniert nicht Erkenntnis. Ebenso wenig hat man sich unter den Schlüsselbegriffen ein fest gefügtes System von Begriffen vorzustellen; sie stehen immer unter dem Vorbehalt des grundsätzlich kontroversen Charakters von Wahrheit.

Begriffe und Erkenntnisinstrumente

Dies gilt auch für die Begriffe, die ich oben in dem Gedankengang verwendet habe. Leben und Überleben, Herausforderungen, Chancen und Gefahren, Bedürfnisse sind die Kategorien Hilligens, welche die kognitive Struktur eines didaktischen Denkens darstellen, das auf die Entdeckung des existentiell Bedeutsamen zielt. Aber sie sind nicht nur Mittel der didaktischen Reflexion, sondern auch Lerninhalte, weil es ja die Aufgabe des Unterrichts sein soll, dass Lernende fähig werden, die fundamentalen Probleme zu erkennen und sich an den Erkenntnis- und Entscheidungsprozessen zu beteiligen, welche zu Lösungen führen können.

2.2.6 Zusammenfassung

Hilligens Didaktik ist der Versuch, die Diagnose von Krisensymptomen, die Diagnose von existentiellen Gefährdungen für Menschen und die Menschheit in ein Instrumentarium der didaktischen Reflexion umzusetzen. Übertragbar ist dieses Instrumentarium, sind die genannten didaktischen Kategorien. Die Ergebnisse hingegen, beispielsweise sein Katalog von Schlüsselproblemen (s. Kasten S. 23), sind nur Hypothesen und daher nur so weit übertragbar, als sie plausibel erscheinen.

Schlüssel-
probleme
sind Fragen
und keine
Antworten

Zu beachten ist jedoch, dass die Schlüsselprobleme Fragen und nicht Antworten sind, auch nicht Lösungen. Wichtig ist ferner ihre Funktion als Auswahlkriterien. Wer Hilligen folgt, muss es als ein Missverständnis ansehen, wenn jemand meint, man könne die Schlüsselprobleme unter dem Stichwort „Existenzfragen der Menschheit und verantwortungsbewusstes Handeln" als Themen eines Grundkurses bündeln und in ein paar Stunden abarbeiten, wie es in den Rahmenplänen für Gesellschaftskunde vom Mai 1990 (S. 27) vorgeschlagen wurde. Nach Hilligen sind sie Kriterien, welche die Auswahl und Bewertung von Inhalten des *ganzen* Lehrplanes leiten.

Existentieller
Bezug und
Betroffenheit

Zum Schluss sei wieder die Frage nach der *Subjektposition des Schülers* gestellt. Wie kommt sie hier zur Wirksamkeit? Sie ist zu sehen im existentiellen Bezug und in der Betroffenheit. Die Probleme werden dringlich, weil sie die *Bedürfnisse von Menschen* berühren, und nicht, weil sie die Interessen einer sozialen Klasse oder die Existenz eines Staates gefährden. Ihre Bedeutung haben sie, weil sie etwas mit dem Leben der Schüler zu tun haben: Bedeutung für das Leben heißt Bedeutung für das Leben jedes Einzelnen, also auch der Lernenden, und zwar in der Gegenwart wie in der Zukunft.

Es kann aber sein, dass die Betroffenen noch nicht so weit denken, also nicht über ihre Region hinaus oder über ihre Gegenwart hinaus sehen, oder dass sie nur an die nahen, nicht die globalen Probleme denken. Eine Parallele zu 1990 drängt sich ja förmlich auf: Damals mahnten viele, wir sollten über dem Einigungsprozess nicht die globalen und die zukunftsweisenden Probleme vergessen. In diesem Zwiespalt zwischen den nahen und den fernen Problemen stehen wir immer. Die Einführung der DM in den neuen Bundesländern sollte wirtschaftliches Wachstum bringen. Aber mit dem zu erwartenden Ausbau der Verkehrswege waren bereits wieder die Weichen zur Umweltbelastung gestellt: Die Straße erhielt Vorrang vor der Schiene, die Landschaft wurde zugeteert, der Ausstoß von Kohlendioxyd stieg, Ozonloch und Treibhauseffekt drohten.

Wenn man Hilligen folgt, dann gewöhnt man sich an, die Chancen *und* die Gefahren zu sehen, also auch nach dem Preis zu fragen, den das Wünschenswerte kostet. Das lernen dann auch die Schüler. Der Unterricht eröffnet damit den Lernweg zur objektiven Betroffenheit. Global denken, lokal handeln: Die Schüler lernen, wie die fundamentalen Probleme in ihren Alltag eingreifen können. Zur Stärkung der Subjektposition gehört es demnach, dass die Schüler die Frage stellen können: Was bedeutet es für mein Leben und für die Menschen, mit denen ich lebe, wenn beispielsweise die Schadstoffe ungefiltert in die Luft gehen (z.B. Dieselruß)? Und die politische Seite: Sie *dürfen* diese Frage stellen!

Der Weg zur objektiven Betroffenheit

Chancen und Gefahren: Daraus ergibt sich umgekehrt, dass man auch nach den Chancen zu fragen gewöhnt wird. Für jeden brachte der Einigungsprozess Bedrohliches, aber auch Chancen. Wenn Schüler lernen, auch die Frage nach den Chancen zu stellen, können sie Ermutigung bekommen und die Zuversicht erhalten, dass sie ihr Leben bewältigen werden.

Aber verbindliche Aussagen über das Wichtige gibt es bei den Didaktikern nicht. Didaktische Konzeptionen können nur die Spannung zwischen den nahen und den globalen Problemen aufzeigen, in welcher das didaktische Denken immer wieder steht, z.B. wenn der Lehrer Inhaltsentscheidungen treffen muss. „Didaktik", so sagt Hilligen, „zielt auf Existentielles; sie ist die Spezialwissenschaft für das, was von so allgemeiner Bedeutung für das Leben ist, dass man es lernen muss." (1985: S. 23). Jedoch: Was diese Existenz ist und sein soll, das muss jeder selbst definieren.

Die Spannung zwischen nahen und globalen Problemen

2.3 Rolf Schmiederer: Schülerorientierung

Rolf Schmiederer (1928-1979) hat seine didaktische Konzeption unter dem Titel „Politische Bildung im Interesse der Schüler" im Jahre 1977 veröffentlicht. Der Titel ist ein Programm: Politische Bildung soll im Interesse der Schüler gestaltet werden, genauer: an den Schülern orientiert gestaltet werden. Die Subjektposition des Schülers ist also das Thema dieser Didaktik.

2.3.1 Merkmale der Schülerorientierung

Daraus entwickelte Schmiederer seine Konzeption des schülerorientierten Unterrichts. Man kann sie folgendermaßen umschreiben: Die Schüler sollen die Möglichkeit eigener Aktivität erhalten, sollen nicht als Objekte didaktischer Steuerung gelten, sie sollen Lernprozesse mit- und selbstbestimmen. Unterricht soll individualisierend sein, Bedürfnisse und Interessen der Schüler aufgreifen. Lernergebnisse sollen reale Bedeutung für das Leben der Schüler haben, der Lehrer soll die Rolle des Beraters übernehmen. Es sind dies die Grundprinzipien eines – wie Schmiederer es nennt – „kritischen und offenen Unterrichts im Interesse der Schüler" (Schmiederer 1977: S. 131).

> **Merkmale der Schülerorientierung nach Schmiederer**
>
> - Mitbestimmung der Schüler im Unterricht,
> - Bedürfnisse und Interessen berücksichtigen,
> - Ausgang von der Sozialerfahrung und der Lebensrealität der Schüler,
> - Lernergebnisse müssen reale Bedeutung für das Leben der Schüler haben,
> - der Unterricht muss problem- und projektorientiert sein,
> - der Unterricht muss wissenschaftsorientiert in seiner Arbeitsweise und in der Analyse der gewählten Inhalte sein.

(Schmiederer 1977: S. 131)

Wie könnte die Konzeption Schmiederers in der Realität aussehen? Ich gebe den Bericht über einen Unterricht wieder, der in seinem Sinne gestaltet wurde – allerdings schon vor dem Erscheinen von Schmiederers Didaktik. Eine Lehrerin berichtet über Unterricht in einer 8. Hauptschulklasse:

Zur Konzeption: ein Beispiel

„Diskutiert und gearbeitet wurde zunächst nur über Themen, die die Schüler unmittelbar betrafen und deshalb auf allgemeines Interesse stießen (Lehrerautorität, Vorgänge in der Schule und der Klasse, Elternprobleme, Freundschaft, Liebe). Bei der Behandlung dieser Themen übte die Klasse Gruppenarbeit, wobei zugleich die dabei auftauchenden organisatorischen, technischen und sozialen Probleme der Arbeitsweise thematisiert und zum gleichrangigen Unterrichtsstoff erhoben wurden. In dem Maße, in dem die eigenen disziplinären, organisatorischen und sozialen Probleme von der Klasse gelöst wurden, weitete sich auch der Interessenhorizont der Schüler allmählich aus: „Wir können ja nicht immer nur über uns selbst reden – wir müssen uns ja auch mal um die Probleme anderer kümmern!" Der Einwand wurde nach etwa zwei Monaten erhoben. Es wurden daraufhin Themen gesammelt, die behandelt werden sollten. Der Vorschlag eines sonst sehr zurückhaltenden Jungen, über die Lage der Gastarbeiter zu arbeiten, wurde aufgegriffen. Der Schüler war durch eine Fernsehsendung auf das Problem aufmerksam geworden und erzählte zunächst von dieser Sendung. Daraufhin schrieb die Klasse an den WDR und forderte das Manuskript an, das wir auch erhielten. Nachdem das Thema in Gruppenarbeit und Referaten behandelt worden war, besuchte und interviewte eine Arbeitsgruppe einige im Ort arbeitende und untergebrachte Türkinnen. Die große Hilflosigkeit dieser Frauen, die sich u.a. in Sprachschwierigkeiten äußerte, veranlasste die beteiligten Schüler nach Möglichkeiten zu suchen, ihnen wenigstens in dieser Beziehung zu helfen. Die Klasse nahm Kontakt mit einer kirchlichen Frauengruppe auf, die sich bereiterklärte, sich um die Türkinnen zu kümmern und ihnen Sprachunterricht geben zu lassen" (Schaeffer/Lambrou 1973: 123 f.).

Man kann dieses Beispiel mit dem Kasten S. 28 vergleichen: Die dort aufgeführten Merkmale eines Unterrichts in

Schmiederers Sinne lassen sich auch in dem Text entdecken, vielleicht mit Ausnahme der Wissenschaftsorientierung.

Unterrichts-
beschreibung
durch
Negation

Wir können mit den Worten Schmiederers diesen Unterricht auch durch Negationen beschreiben: Er ist nicht „lehrerzentriert", er ist nicht „gegenstandszentriert", wo es vor allem um die Durchnahme von „Stoff" geht, der Unterricht wird nicht von Richtlinien gesteuert und er ist nicht lernzielorientiert.

Schmiederer hat mit diesen Begriffen den in seiner Zeit üblichen Unterricht kritisiert – diese Kritik trifft sicherlich auch auf den früheren Unterricht in Staatsbürgerkunde zu. Von einer „extremen Stofforientierung" habe ich gehört. „Wir haben für die Schüler gedacht", war eine andere Stimme: Lehrerzentriertheit. „Gebt uns neue Inhalte, dann zeigen wir, was wir können", so hörte man nach der Wende bei vielen Lehrern: also Richtliniensteuerung, die offenbar gewünscht war.

In der Konzeption Schmiederers ist in einer sehr entschiedenen Weise das didaktisch entfaltet, was ich anfangs aus der DDR-Fachzeitschrift zitiert habe: „die Subjektposition des Schülers voll zur Wirkung zu bringen" (Geschichte und Staatsbürgerkunde 1/90, S. 17). Allerdings werden durch das Buch Schmiederers auch die Schwierigkeiten bewusst gemacht, die diese Absicht mit sich bringt. Nicht zufällig ist es das längste Kapitel seines Buches, welches auf die *Probleme* des schülerorientierten Unterrichts eingeht.

Probleme
schüler-
orientierten
Unterrichts

2.3.2 Voraussetzungen und Probleme

Schmiederer nannte als *Voraussetzungen* für schülerorientierten Unterricht beim Lehrer: die Lebenssituation der Schüler kennen, ihr Verhalten in der Schule verstehen und ihre Beziehung zum Lerngegenstand kennen. Dies jedoch nicht, um sie umso wirksamer beeinflussen zu können, wie in einer DDR-Methodik gesagt wurde (vgl. Autorenkollektiv 1975: S. 156), sondern mit der Absicht, ihrer Individualität gerecht zu werden. Ausführlich beschrieb Schmiederer dann die „*Blockierungen*" eines derartigen Unterrichts. Sie können entstehen durch Widersprüche zwischen den einzelnen Forderungen wie derjenigen von Mitbestimmung

Lebenssituation,
Verhalten in
der Schule
und Beziehung
zum Lern-
gegenstand

Blockierungen

und Erfahrungsnähe: wenn Schüler ihre Lebenswelt gegen die Schule abschirmen, oder beim plötzlichen Wechsel von lehrerzentriertem zu schülerzentriertem Unterricht. Hier riet Schmiederer zu einer schrittweisen Veränderung. Er verwies ferner auf Verunsicherung und Belastung, die vor allem bei Versuchen entstehen können, mit den Schülern deren eigene Sozialisation aufzuarbeiten. Er sah auch Belastungen für den Lehrer, die er zu erwarten hat, wenn er versucht, die „althergebrachte formale Distanz zwischen Lehrer und Schüler abzubauen" (Schmiederer 1977: S. 143).

Die Frage erhebt sich, ob ein solcher Unterricht überhaupt realisiert werden kann. Diese Frage ist weder mit Ja noch mit Nein zu beantworten. Das Beispiel, über das die Lehrerin einer Hauptschulklasse berichtete, ist einem auf Jahre angelegten Unterrichtsversuch entnommen. Hier haben demnach besondere Bedingungen geherrscht. Der Einwand wird erhoben: Wenn konsequent nach Schmiederer unterrichtet wird, dann kann es geschehen, dass die Interessen der Schüler von Woche zu Woche wechseln. Dann kann ihnen nichts Abprüfbares vermittelt werden, und der Lehrer kann keine Noten geben. Dagegen wurde gesagt: Die Schüler müssten sich auch an die einmal vereinbarten Themen halten. In dem Handbuch zu den Richtlinien von NRW gibt es den Aufsatz einer erfahrenen Lehrerin über „Schülerinteressen als Auswahlkriterium von Unterrichtsinhalten". Dort sagt die Autorin, dass die Schülerinteressen ein Einflussfaktor unter vielen seien, dass man unterschiedliche Schülertypen berücksichtigen müsse, dass es ein Spannungsverhältnis gebe zwischen Lehrerrolle und Schülermitgestaltung und dass das Verhältnis von Schülerinteressen und Lehrplan zu beachten sei (Steger 1988: S. 53 ff.). In der Realität der öffentlichen Schule finden also vielleicht nur Annäherungen an dieses Prinzip statt.

Schmiederers Didaktik eines schülerorientierten politischen Unterrichts lässt sich als der Appell an Lehrer verstehen, eine andere als die gewohnte Perspektive einzunehmen. Normalerweise hat der Lehrer die Lehrerperspektive: „Wir haben für unsere Schüler gedacht", sagte – wie erwähnt – ein Lehrer aus der DDR. Aber dazu neigen Lehrer ganz

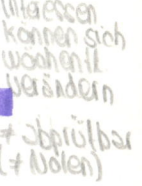

Realisierbarkeit

Interessen können sich wöchentl. verändern

* abprüfbar (+ Noten)

allgemein. Schmiederer regt dazu an, wenigstens zeitweise die Perspektive zu wechseln: weg von der Lehrerperspektive, hin zur Schülerperspektive. Er regt dazu an, sich in die Schüler hineinzudenken, ihre Interessen und Bedürfnisse überhaupt wahrzunehmen und zu überlegen, wie sie die Schule sehen. Insofern ist Schmiederers Konzeption ein Modell, sie vermittelt dem Lehrer ein Bild, eine gedankliche Vorstellung von Unterricht. Dies kann als Regulativ wirken, als Aufforderung, den realen Unterricht diesem Bild anzunähern. Ich spreche daher von einer „regulativen Idee". Schülerorientierung ist eine solche regulative Idee. Realisierung heißt dann näherungsweise Realisierung.

Schüler- und Lehrer- perspektive

2.3.3 Gegenwärtige Bedeutung

Ich vermute, dass diese Idee eines schülerorientierten Unterrichts gerade in der Zeit seit der Wende für Schüler in den neuen Bundesländern wichtig war. Ein Lehrer aus der DDR sagte im Frühjahr 1990: Er befürchte, dass nach Einführung der DM die sozialen Unterschiede und damit die Spannungen in der Klasse größer werden. Ich fragte mich damals: Wie werden die Jugendlichen damit fertig? Haben sie die Möglichkeit, ihre Probleme in den Unterricht einzubringen? Kann der Lehrer ihnen helfen, diese Probleme zu bearbeiten? Wir haben die DDR-Schüler mit ihrer Vergangenheit, sagte damals einer zu den Kollegen aus der Bundesrepublik. Schmiederer regt an zu fragen: Was hat die Vergangenheit mit den Schülern gemacht? Wie wirkt sie jetzt noch? Welche Probleme belasten die Schüler heute? Welche Gelegenheit haben sie, diese Probleme in den Unterricht einzubringen und an ihnen zu arbeiten? Denn ihre Probleme sind ja meist politische Probleme, es war damals ihre Betroffenheit von den Problemen des Einigungsprozesses und dessen Folgen, die sie spürten, heute sind es die des gesellschaftlichen Wandels und der Globalisierung.

↳ Gegenwärtige Probleme

3. Didaktische Konzeptionen als Hilfsmittel für den Lehrer

Mit diesen Ausführungen habe ich drei ausgewählte didaktische Konzeptionen der politischen Bildung vorgestellt. Ich habe dies getan, indem ich Grundgedanken der jeweiligen Konzeption wiedergegeben habe. In ganz verkürzter Weise könnte man die Grundgedanken auf folgende Begriffe bringen:

- Politik als Konflikt: Giesecke,
- politische Probleme als existentielle Probleme: Hilligen,
- Schülerinteresse als Regulativ: Schmiederer.

Vielleicht wurde auch erkennbar, welch ein Gewinn es ist, dass es eine Vielzahl unterschiedlicher didaktischer Konzeptionen der politischen Bildung gibt. Mit Hilfe von jedem dieser drei Didaktiker konnte ich wichtige Fragen des politischen Unterrichts klären. Andere Didaktiker könnten ebenfalls herangezogen werden. Für den Lehrenden wäre es also eine Hilfe, wenn sie Grundgedanken verschiedener Didaktiker kennen. Das ist besser, als wenn sie versuchten, beispielsweise „Hilligen-Jünger" zu werden.

Verschiedene Grundgedanken zu kennen, das war gerade nach der Wende wichtig, weil Lehrende Handlungsspielraum bekommen haben. Die Lehrpläne sind meistens „Rahmenpläne", geben also nur einen Rahmen vor, den der Lehrer ausfüllt. Er kann jetzt inhaltliche Entscheidungen treffen, muss es aber auch. Das bedeutet Wahl unter vielen Alternativen.

Nicht vergessen werden darf, dass dies auch Spielraum für die Schüler bedeutet. Und es bedeutet, dass vieles in den Rahmenplänen noch nicht festgelegt ist. Konflikt wird sicherlich genannt, aber ob den Schülern wirklich der Zugang zu Politik im Sinne von Giesecke eröffnet wird und nicht vielleicht nur das soziale Zusammenleben eingeübt wird – „Lebensweise" hieß das während der Wende – das hängt vom Lehrer und seinem Verständnis von politischer Bildung ab: Gemeinschaftskunde oder Politikunterricht? Die beschriebenen Didaktiker helfen, darauf eine Antwort zu geben.

Literatur

Autorenkollektiv: Methodik der politischen Bildung. Berlin (Ost) 1975[3]

Gagel, Walter: Politik, Didaktik, Unterricht. Eine Einführung in didaktische Konzeptionen des politischen Unterrichts. Stuttgart 1981[2]

Gagel, Walter: Einführung in die Didaktik des politischen Unterrichts. Ein Studienbuch. Opladen 2000[2]

Gagel, Walter: Geschichte der politischen Bildung in der Bundesrepublik Deutschland 1945–1989/90. Wiesbaden 2005[3]

Gagel, Walter/Hilligen, Wolfgang/Buch, Ursula: Sehen Beurteilen Handeln. Arbeitsbuch für den politischen Unterricht 7–10, Frankfurt/M. 1984 (Neubearbeitung)

Giesecke, Hermann: Didaktik der politischen Bildung, München 1965[1], neue Ausgabe 1972[7]

Giesecke, Hermann: Politische Bildung in der Jugendarbeit. München 1966

Hartwich, Hans-Hermann Die Suche nach einer wirklichkeitsnahen Lehre vom Staat. APuZ, Beilage zur Wochenzeitung Das Parlament B 46-47/87 vom 14.11.1989, S. 3-20

Heuer, Uwe-Jens: Marxismus und Demokratie, Berlin (Ost) und Baden-Baden 1989

Hilligen, Wolfgang: Zur Didaktik des politischen Unterrichts. Opladen 1975[1], völlig neu bearbeitet 1985[4]

Klier, Freya: Lüg Vaterland. Erziehung in der DDR. Berlin 1990

Lingelbach, Karl-Christoph: Zum Verhältnis der „allgemeinen" zur „besonderen" Didaktik. In: Wolfgang Klafki u.a.: Erziehungswissenschaft 2, Funk-Kolleg. Frankfurt/M. 1970, S. 93-121

Rahmenpläne für den Gesellschaftskundeunterricht, Stand Mai 1990, Manuskript

Schaeffer, Barbara/Lambrou, Ursula: Politische Bildung als Unterrichtsprinzip. Erfahrungen und Modelle in der Hauptschule. Frankfurt/M. 1983[2]

Schmiederer, Rolf: Politische Bildung im Interesse der Schüler. Köln 1977

Standpunkte und Vorschläge zur Gestaltung des Gesellschaftskundeunterrichts – Diskussionsangebot. Verfasst von der Arbeitsgruppe „Gesellschaftskundeunterricht" beim Ministerium für Bildung, vom 7.2.1990, teilw. abgedruckt in POLITISCHE BILDUNG 25/1992, Heft 2, S. 96-99

Steger, Beate M.: Schülerinteressen als Auswahlkriterien von Inhalten. In: Gagel, Walter/Menne, Dieter (Hrsg.): Politikunterricht. Handbuch zu den Richtlinien NRW. Opladen 1988, 5. 53-64

4. Anhang

4.1 Zur Geschichte der politischen Bildung in der Bundesrepublik*

Politische Bildung (PB) ist so alt wie die öffentliche Schule; sie war immer Teil ihrer Erziehungsaufgabe. Aber erst nach 1945 hat sie eine eigene Geschichte. Sie lässt sich in folgende Phasen gliedern:

1. Umorientierung von außen: Re-education 1945-1949. Die Siegermächte versuchten, durch „Umerziehung" den Einfluss der NS-Herrschaft auf das politische Bewusstsein der Deutschen zu überwinden und eine demokratische Kultur zu gründen. Dazu gehörte auch die Schulpolitik. Dauerhaften Bestand hatte hier die Einführung eines Schulfaches für die PB (Gemeinschaftskunde, Sozialkunde u.a.) und der Schülermitverwaltung.

2. Philosophisch-pädagogische Grundlegung der PB 1949-1964. Die Erfahrung mit der NS-Herrschaft war Impuls für eine Neubesinnung und regte zu einer philosophisch-pädagogischen Grundlegung der PB an. Vorschläge zielten auf eine Sozialerziehung (Oetinger), auf eine staatsbürgerliche Erziehung (Litt) oder auf PB als Gewissensbildung (Ballauf). Sie waren von der Absicht geleitet, ein Wiederaufleben des NS-Gedankengutes zu verhindern und dem neu gegründeten demokratischen Staat Zustimmung zu verschaffen.

3. Sozialwissenschaftliche Orientierung der PB 1960-1970. Seit Ende der 50er Jahre wurde in der PB die fehlende Analyse der politischen und gesellschaftlichen Realität nachgeholt. Die PB erfuhr jetzt eine Didaktisierung durch die Rezeption lerntheoretischer Erkenntnisse, ferner eine Verwissenschaftlichung

---

* Aus Walter Gagel: Stichwort „Politische Bildung", in: Politik-Lexikon, Hrsg. Everhard Holtmann, 3. Aufl., München 2000, S. 499 f.

durch die Rezeption von Erkenntnissen der Soziologie und der kurz zuvor reetablierten Politikwissenschaft und schließlich eine Politisierung, da sie als Anleitung zur Urteilsbildung in politischen Streitfragen verstanden wurde.

4. Systematisierungen: Die didaktischen Konzeptionen 1970-1985. Die Verselbständigung der politischen Didaktik als wissenschaftliche Disziplin einer der PB dienenden Lehre schlug sich in Systematisierungen unterschiedlicher didaktischer Ansätze nieder (die „Didaktiken": Fischer 1970, Giesecke 1965 u. 1972, Hilligen 1975 u. 1985, Sutor 1971 u. 1984, Schmiederer 1971 u. 1977, Roloff 1972 ff., Claußen 1981). Die politische Polarisierung in den Jahren der sozialliberalen Koalition bewirkte, dass jetzt auch in der PB Fronten zwischen sog. progressiven und konservativen Didaktikern entstanden.

5. Rezeption der Curriculumtheorie 1970-1975. Gleichzeitig gab es die Versuche einer wissenschaftlich fundierten Richtlinienentwicklung in den Unterrichtsfächern der PB. Die damit verbundene verstärkte Intervention des Staates und die Konfrontation der Regierungs- und Oppositionsparteien während der Zeit der sozialliberalen Koalition lösten politische Konflikte über Richtlinien und Schulbücher aus. Seitdem spaltete sich die politische Bildung in der Schule in die sog. A- (SPD-regierten) und B- (CDU/CSU-regierten) Länder, u.a. durch die rigide, zensurähnliche Zulassungspraxis von Schulbüchern.

6. Wende zur Lebenswelt und zur Unterrichtspraxis seit 1977. Zunehmende „Theoriemüdigkeit" zeigte sich im Nachlassen der Rezeption von Theorien der Gesellschaft, beginnend mit der „pragmatischen" Wende Schmiederers (1977). Auf die „Konzeptionen" folgten die partiellen „Ansätze": Schülerorientierung, Erfahrungsorientierung, Handlungsorientierung u.a. Eine subjektive Vereinseitigung („Betroffenheitspädagogik") wurde durch verstärkten Praxisbezug abgelöst. Ferner erhielten Problem-(Politik-)felder erhöhte Aufmerksamkeit, zuerst Friedenssicherung und Umweltproblematik, später auch Neue Technologien.

7. *Die 90er Jahre: Problemorientierung und kommunikative Fachdidaktik*: Die „Wende" in der DDR 1989 und die nachfolgende Vereinigung der beiden Teile Deutschlands gab den „Didaktiken" (s. 4) eine erneute Aktualität als Weiterbildungsangebot für Lehrende in den ostdeutschen Ländern. Jedoch erlebten diese den Systemwechsel zugleich als persönliche und als Krise der Industriegesellschaft. Zunehmend schwerer wurde es, gesicherte Lerninhalte zu beschreiben. Dies förderte alte und neue Trends: a) Problemorientierung: Die Vorbereitung der Lernenden auf globale Zukunftsaufgaben wurde gefordert, eine „Zukunftsdidaktik" (Weinbrenner) entworfen und globale „Schlüsselprobleme" (Hilligen, Klafki) als Auswahlkategorie von Inhalten vorgeschlagen. b) Neue „Didaktiken" erschienen als kommunikative Fachdidaktik (S. Reinhardt 1997, T. Grammes 1998), welche die Praxis des Lehrens kasuistisch in der Form von Unterrichtsszenen und Arbeitsprozessen immer schon in die Theorie mit einbezogen. Sie ermöglicht eine qualitative empirische Unterrichtsforschung der Politik (Henkenborg/Kuhn 1998). c) Zu den neuen Themen didaktischen Denkens in der Politik gehört die empirische Untersuchung und Reflexion der Geschlechterdifferenz beim politischen Lernen (S. Reinhardt 1996) und die Schultheorie: die Einbeziehung der Schule als Interaktionssystem und als Basis für Überlegungen zur PB (Henkenborg 1997).

4.2 Konfliktanalyse nach Lingelbach*

Gegenstand soll der Konflikt um das Tempolimit auf Autobahnen im Jahre 1985 sein. Es wird berichtet (Frankfurter Rundschau v. 21.11.1985):

„Nach der Entscheidung der Bundesregierung gegen Tempo 100 auf Autobahnen geht der Streit um ein Tempolimit weiter. Opposition und Umweltverbände sprechen von ‚Täuschung‘ und ‚Großbetrug‘. Das Saarland will nunmehr im Alleingang Geschwindigkeitsbegrenzungen einführen. Die EG-Kommisson hält weiter an ihrem Plan fest, ein Tempolimit für alle Mitgliedsländer einzuführen. Bundesinnenminister Friedrich Zimmermann erhob dagegen bereits Einwände.“

Die *Streitfrage* ist das politische Problem, wie auf die zunehmende Luftverschmutzung reagiert werden soll und die Frage, ob Geschwindigkeitsreduzierung diese vermindert. Die Bundesregierung hatte beim TÜV ein Gutachten in Auftrag gegeben, das eine geringe Verminderung des Stickstoffausstoßes errechnete. Darauf entschied sich die Regierung für den Verzicht auf ein Tempolimit. Die politischen *Gegner* sind die Bundesregierung und die Koalitionsparteien CDU, CSU und FDP einerseits und die Oppositionsparteien SPD und DIE GRÜNEN andererseits. Die wirtschaftlichen und gesellschaftlichen *Interessen* werden vor allem an den beteiligten Verbänden sichtbar: der ADAC setzte sich gegen das Tempolimit ein („Freie Fahrt für freie Bürger“), der „Verband der Automobilindustrie“ drängte als Unternehmerverband die Bundesregierung zu ihrer Entscheidung. Im „Bund für Umwelt und Naturschutz“ (BUND) werden dagegen die Interessen an der Erhaltung der Umwelt und der Lebensqualität artikuliert. Die *Machtmittel*, welche den Gruppen zur Verfügung standen, können nur vermutet werden: das Wählerpotential des mitgliederstarken Automobilclubs, seine Meinungsmacht durch die Verbandszeitschrift, Lobbybezie-

---

* Aus Wolfgang Sander (Münster): Methoden der politischen Entscheidungsanalyse und der politisch-moralischen Urteilsbildung. In: Walter Gagel, Dieter Menne (Hrsg.): Politikunterricht. Handbuch zu den Richtlinien NRW, Opladen 1988, S. 193 f.

hungen und „Verbandsfärbung" im Parlament durch den Unternehmerverband. Demgegenüber stehen die umweltinteressierten Gruppen in der Minderheit, auch besitzen sie keine „Vetopositionen" außer dem Verhalten ihrer Anhänger als Verbraucher oder Verkehrsteilnehmer. Als *Ordnungsvorstellungen* sind anzunehmen: Rückzug des Staates aus der Gesellschaft einerseits, aktiv gestaltende Politik des Staates in allen gesellschaftlichen Bereichen andererseits.

Die Kategorien der Urteilsbildung sind nach Lingelbach reflexiv, das heißt auf das denkende Subjekt bezogen zu verstehen. Nach der Konfliktanalyse soll der Schüler über die eigenen Interessen nachdenken und seine eigenen *Wert- und Ordnungsvorstellungen* überprüfen, indem er fragt, welche Partei er mit seinem Votum in der Streitfrage unterstützt. Hier wäre demnach der Ort, nach den Kriterien für die eigene Wertung zu fragen, z.B. ob er die Verallgemeinerungsfähigkeit der eigenen Position nachweisen kann. Hinter *Verantwortungsethik* verbirgt sich die Frage, wieweit die Auswirkungen der vorgeschlagenen Lösungen auf die betroffenen Gruppen zu rechtfertigen sind. Insgesamt befördert diese Urteilsbildung die Klärung des eigenen Standpunktes angesichts einer Streitfrage, bietet aber auch die Möglichkeit, die aus dem politischen Prozess resultierende Lösung mit Hilfe von Kriterien zu bewerten (z.B. partielle oder allgemeine Interessen).

Die dritte Phase mit den Kategorien des politischen Handelns kann auf zwei Wegen verfolgt werden: einmal geleitet von der Frage, was wir selbst tun können (so die Vorstellung Lingelbachs), zum andern aber auch als das „Weiterdenken" (Hilligen 1985: S. 204), nämlich über andere Lösungsmöglichkeiten für das Problem, beispielsweise die indirekte Steuerung durch finanzielle Anreize für die Nutzung des Katalysators, wie sie die Bundesregierung später beschlossen hat, aber auch andere Lösungsmöglichkeiten des Umweltproblems.

4.3 Hilligen: Beispiel zum Problem Müll*

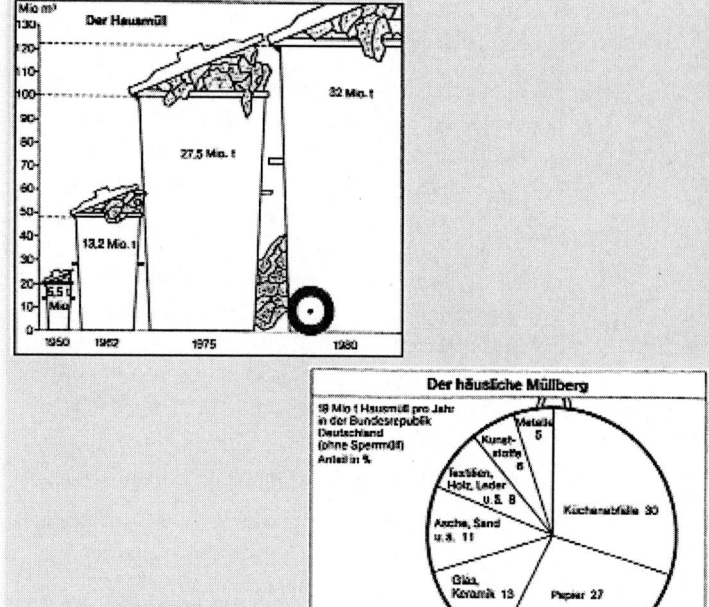

Der Hausmüll

Mio m³

130 ⌐
120 ⌐
110 ⌐
100 ⌐
90 ⌐
80 ⌐
70 ⌐
60 ⌐
50 ⌐
40 ⌐
30 ⌐
20 ⌐
10 ⌐
0 ⌐

6,5 t Mio
13,2 Mio t
27,5 Mio t
32 Mio. t

1950   1962   1975   1980

Der häusliche Müllberg

18 Mio t Hausmüll pro Jahr
in der Bundesrepublik
Deutschland
(ohne Sperrmüll)
Anteil in %

Metalle 5
Kunst- stoffe 6
Textilien, Holz, Leder u. a. 8
Asche, Sand u. a. 11
Glas, Keramik 13
Papier 27
Küchenabfälle 30

Bis 1975 wurde Müll in
Kubikmetern berechnet,
seitdem in Tonnen.
Die Grafik enthält beide Werte.

2. Probleme mit Müll und Gift

❼ Zur Situation

Der Hausmüll wächst 1950 bis 1975 etwas langsamer an. Aus
der Grafik (oben) kann man ersehen, dass der Müll zwischen
1975 und 1980 nur noch um 4 % jährlich gestiegen ist; 1950
bis 1975 waren es jährlich 7 %. Verpackungsmaterial (Papier

---

* Aus: Sehen – Beurteilen – Handeln Kl. 7/10, von Walter Gagel,
  Wolfgang Hilligen, Ursula Buch, Frankfurt/M. 1984

und Kunststoff) macht einen hohen Anteil aus (untere Grafik). Andere Abfälle sind indessen verringert worden (→ S. 181). Gefährlich bleibt der Giftmüll aus der Industrie.

❽ Warum so viel Müll?

Aus eigenen Erfahrungen oder aus der Befragung älterer Leute kann man erkennen, dass es unterschiedliche Ursachen für die Mülllawine gibt.

1. Was geschah noch bei den Großeltern mit brennbaren Abfällen (z.B. Papier), mit Küchenabfällen, mit Metall, Knochen, Leder, Asche?
2. Welche Gegenstände und Stoffe, die heute die Mülltonnen füllen, gab es damals noch gar nicht oder selten? Welche waren zu wertvoll?

Ursachen für diese Entwicklung kann man zusammenfassen, z.B.: Hängt zusammen mit Ernährung/Heizung/Wohlstand/ „Wegwerfware".

Wegwerfware gibt es aus zwei unterschiedlichen Gründen.

Erstens: Es werden Waren mit geringer Lebensdauer hergestellt. Die Haltbarkeit von Strümpfen und Glühbirnen z.B. wird absichtlich auf eine kurze Lebensdauer berechnet.

Zweitens: Waren werden künstlich veraltet. Beispiele kann jeder Modebewusste aufzählen, der immer die neuesten Modelle haben will.

3. Aus welchen Gründen werden „neue Modelle" so häufig gekauft und wem bringen sie am meisten?

❾ Möglichkeiten für eine „Lösung" der Müllprobleme

Man kann zwei Gruppen von Problemen unterscheiden:
Erstens, wohin, d. h. was tun mit dem Müll?
Zweitens, wie kann man den Müll verringern?

Das erste Problem schien durch das Umweltprogramm der Bundesregierung von 1971 gelöst. Überall wurde die Abfuhr organisiert, Deponien, Verbrennungsanlagen, Müllkippen eingerichtet.

Bald aber wurde erkannt: Wegwerfen heißt verschwenden. Die Rohstoffe auf der Erde sind bald erschöpft, wenn sie weiter verschwendet werden. Drei Aufgaben und Wege für die Lösung des zweiten Problems.

Erstens: es kommt darauf an, die Produktion von Abfall zu verringern – aber wie?

Eine Verpackungssteuer ist mit Erfolg in skandinavischen Ländern eingeführt worden und steht als Gesetzentwurf nunmehr auch in der französischen Nationalversammlung zur Diskussion ... Eine solche Maßnahme ... bedarf gründlicher Abstimmung. Warum sollten nicht Maßnahmen auf freiwilliger Basis möglich sein, die staatliche Regelungen überflüssig machen ... Die Betroffenen sollten nicht weiter auf Zeitgewinn setzen und sich nicht im Unverbindlichen bewegen. Sie tun sich damit keinen Gefallen. Sie beschleunigen allenfalls die politischen Entscheidungen.

Umwelt. Nr. 89

1. An welche beiden Möglichkeiten wird hier gedacht? Was spricht für die eine, was spricht für die andere Regelung?

Zweitens: Es kommt darauf an, Rohstoffe wieder zu verwenden; man nennt das „Recycling" (Wiedereinführung in den Kreislauf der Natur, S. 180 u. 181).

Drittens: Viel schwieriger ist es, die Produktion von Wegwerfwaren, Kitsch und Plunder einzudämmen.

Einerseits: Von Wirtschaftspolitikern wird vorgeschlagen, Güter, die nicht zum Grundbedarf gehören, stärker zu besteuern.

Anderseits: Der Grundbedarf ist schwer zu bemessen. Die stärkere Besteuerung könnte auch Waren verteuern, die doch von allen gebraucht werden.

DER SPIEGEL, Interview mit Dr. K.G. Zinn,
Nr. 14/1973, S. 30 f.

2. Wie würde sich eine stärkere Besteuerung auswirken: auf die Verbraucher – auf die Industrie und die Arbeitsplätze – auf die Umwelt?

3. Wie können Verbraucher darauf Einfluss nehmen, damit weniger Plunder produziert wird? Welche Probleme wirft dabei die Mode auf?

Eine Entscheidungsfrage für Einzelne und für alle:

Wollen wir mehr Wohlstand, d.h. mehr Einkommen (→ S. 169)?

Oder wollen wir mehr Wohlergehen, also mehr Lebensqualität, auch wenn dadurch das Einkommen weniger steigt?

⑩ Was man tun kann

Bei einem Umweltproblem, von dem man in der näheren Umgebung betroffen ist, kann man untersuchen:

Welche Interessen werden berührt?

Welche Regelungen/Lösungen sind möglich?

Wer könnte Regelungen durchsetzen?

Was kann man selbst tun?

Was ist im Einzelfall wirksamer: Aufklärung – Belohnung (positive Sanktionen) – Strafen (negative Sanktionen) – gesetzlicher Zwang?

Ein gar nicht so seltenes Problem zur Stellungnahme. Das kann man sich vorstellen:

Zwei Bungalows mit Garten nebeneinander.

So:

Ein Mann sitzt auf einem motorisierten Rasenmäher und mäht den Rasen. Später: Derselbe Mann sitzt auf einem Home-Trainer und schwitzt.

Oder so:

Eine Frau schiebt einen Rasenmäher und schwitzt dabei. Später: Dieselbe Frau sitzt auf einer Hollywoodschaukel und liest ein Buch.

Über diese beiden Möglichkeiten kann man mit Hilfe der folgenden Stichwörter und Fragen diskutieren:

Energieverbrauch – Gesundheit – Bildung – Ansehen bei den Nachbarn (wie sie heute meistens noch denken) – notwendige/überflüssigeProduktion – Lärm – Wohlstand – Wohlergehen.

Was haben die beiden Möglichkeiten mit „Lebensqualität" zu tun (→ S. 169)?

Muss man überhaupt regelmäßig Rasen mähen? Die einen sagen: Unkrautfreier Rasen ist eine Zierde. Ich fühle mich wohl, wenn es im Garten ordentlich aussieht.

Die anderen sagen (und es werden immer mehr): „Während ich lese, rattert nebenan der Rasenmäher über ein zu Tode getrimmtes Stück Spießergrün, das mit Vertikutierrechen, Rasenbesen, Unkrautstecher, Kantenschere und Kunstdünger erfolgreich zu einem deutschen Muster-Rasen missgestaltet wird. Statt duftender Wiese: stumpfsinnige Stoppelrasur. – Krüppelgras: öde, lebensfeindlich, unkrautfrei."

Ute Bleich in der Besprechung des Buches „Die Wiesenuhr".
München 1982. In: DIE ZEIT. 6.8.1982

Worauf kommt es an?

Welche Ursachen für Lärm, Luftverschmutzung, Müll-Lawine lassen sich nennen?

Wie kann man nachweisen, dass Luft- und Wasserverschmutzung sowie Verschmutzung durch Müll und Gift zusammenhängen (3, 7)?

Inwiefern ist Umweltschutz sowohl ein politisches als auch ein privates Problem?

WOCHEN SCHAU VERLAG

... ein Begriff für politische Bildung

Politikunterricht

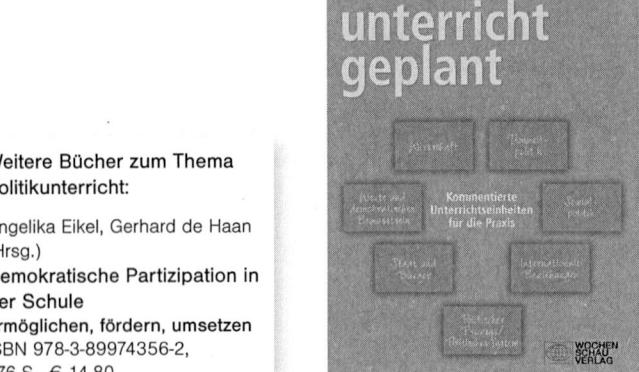

ISBN 978-3-89974235-0, 304 S., € 19,80

Weitere Bücher zum Thema Politikunterricht:

Angelika Eikel, Gerhard de Haan (Hrsg.)
Demokratische Partizipation in der Schule
ermöglichen, fördern, umsetzen
ISBN 978-3-89974356-2,
176 S., € 14,80

Klaus Moegling
Politik unterrichten in der Sekundarstufe II
ISBN 978-3-89974246-6,
128 S., € 12,80

Klaus Moegling
Die Politikwerkstatt
Ein Ort politischen Lernens in der Schule
ISBN 978-3-87920-276-8,
104 S., € 10,–

Projektgruppe Berlin (Hrsg.)
Beispiel Wahlen
Planung und Methoden des Politikunterrichts in der Praxis
ISBN 978-3-87920-275-1,
256 S., 16,80

Gotthard Breit, Peter Massing (Hrsg.)

Politikunterricht geplant
Kommentierte Unterrichts-
einheiten für die Praxis

In der Zeitschrift „Politische Bildung" werden zu einem unterrichtsrelevanten Thema fachwissenschaftliche Aufsätze und eine Unterrichtseinheit publiziert. Aus den Unterrichtseinheiten der letzten zehn Jahre wurden acht besonders gelungene ausgewählt. Zusätzlich führen die Herausgeber allgemein in die Planung von Politikunterricht ein.

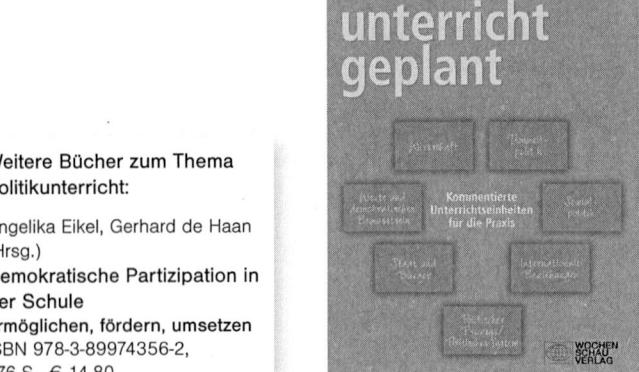

wochenschau-verlag.de

A.-Damaschke-Str. 10, 65824 Schwalbach/Ts., Tel.: 06196/86065, Fax: 06196/86060, info@.wochenschau-verlag.de